名家篆書叢帖

孫寶文 編

上海辭書出版社

胡澍篆書節錄韓詩外傳

傳之蒙也。指事者，視而可識，察而見意，上下是也。象形者，畫成其物，隨體詰詘，日月是也。形聲者，以事為名，取譬相成，江河是也。會意者，比類合誼，以見指撝，武信是也。轉注者，建類一首，同意相受，考老是也。假借者，本無其字，依聲託事，令長是也。

王者之水用傳往見
社稷之臣之內
王承不之爲何之仁義
之如傳王者聽莫

福莫大於見善之樂可
觀額聲可得不聽諸曰光民
方夫之見善之樂可得不
誨正胡澍書呈
義明謀之博

蔭方夫子大人誨正
胡澍書呈

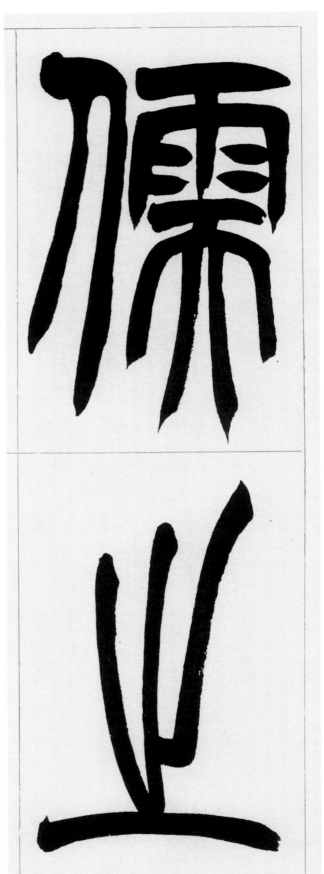

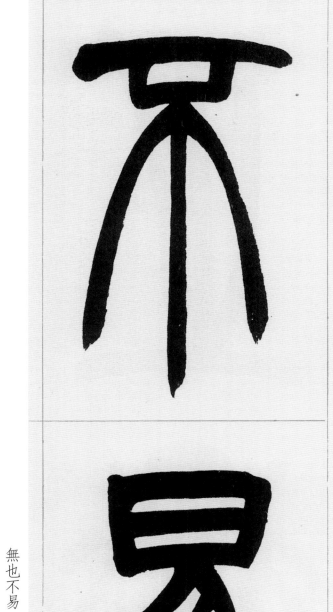

無也不易

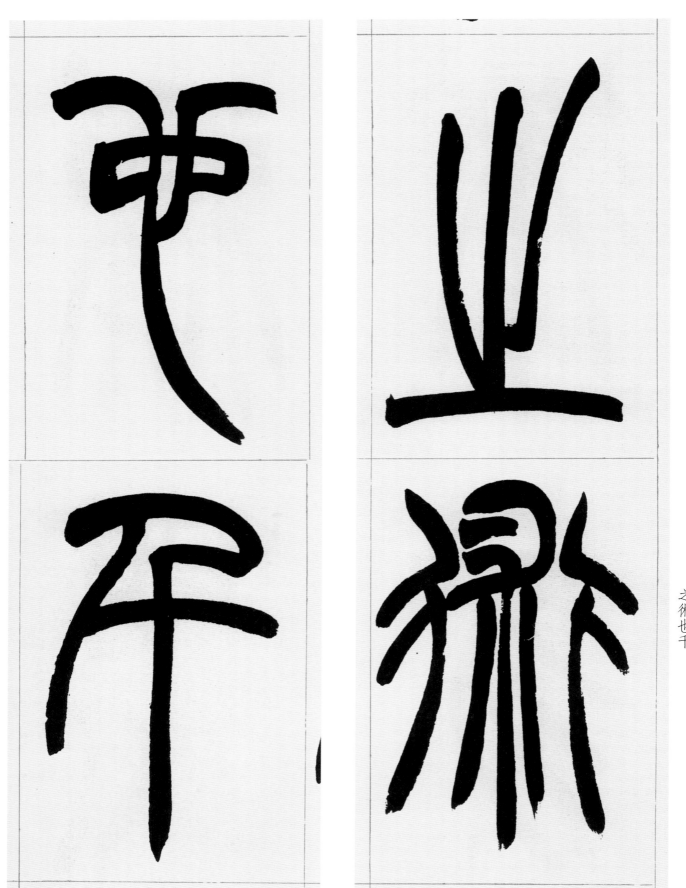

舉萬變其

經是也若

夫君臣之

義父子之

親夫婦之

别朋叕之

所謹守日

切磋而不

舍也雖居

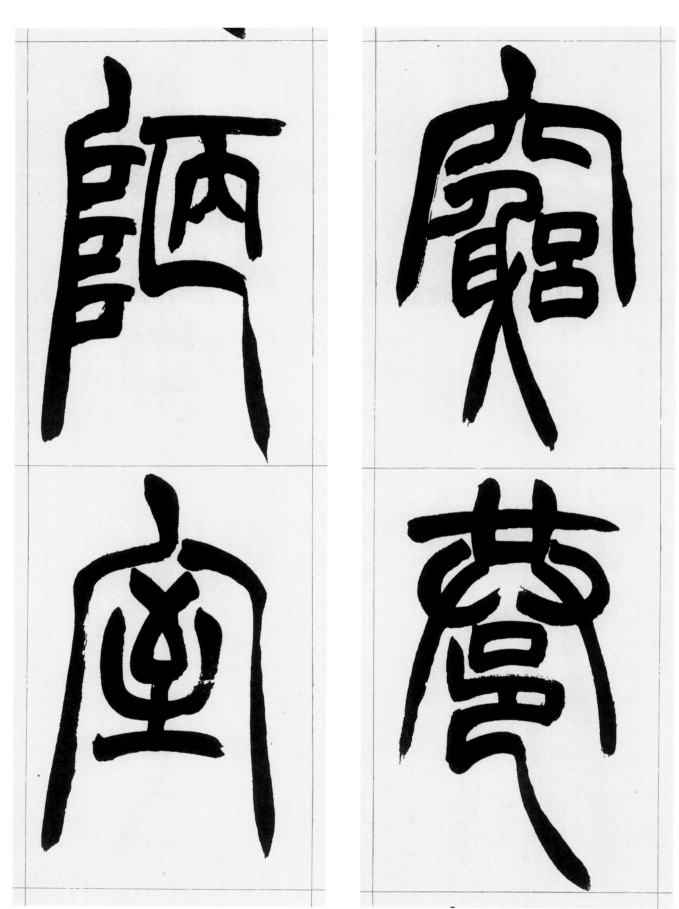

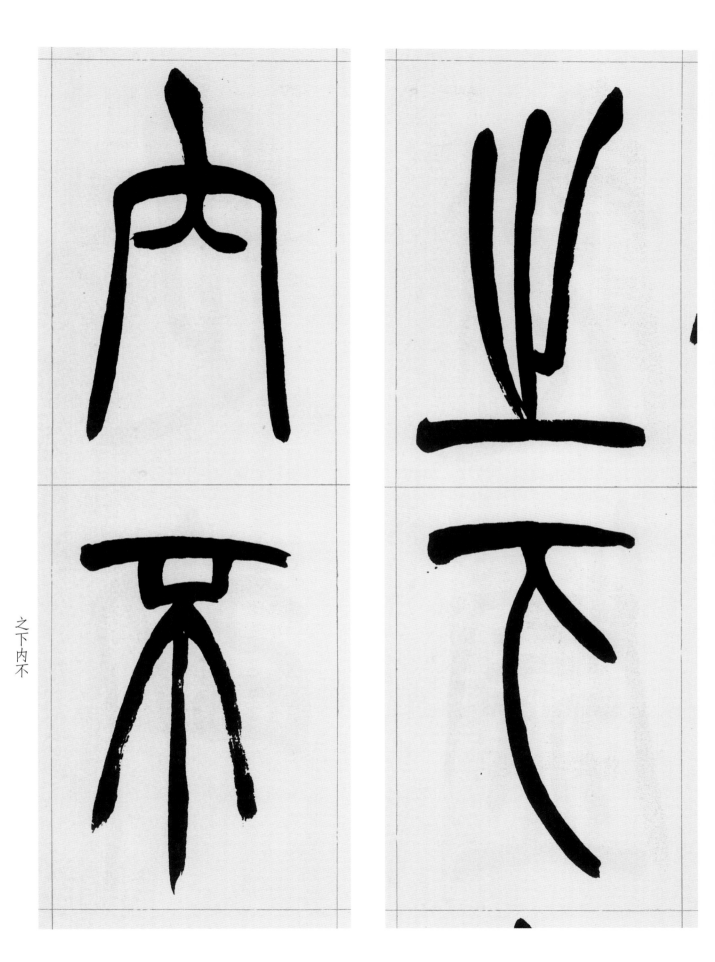

之下内不

足以充虚

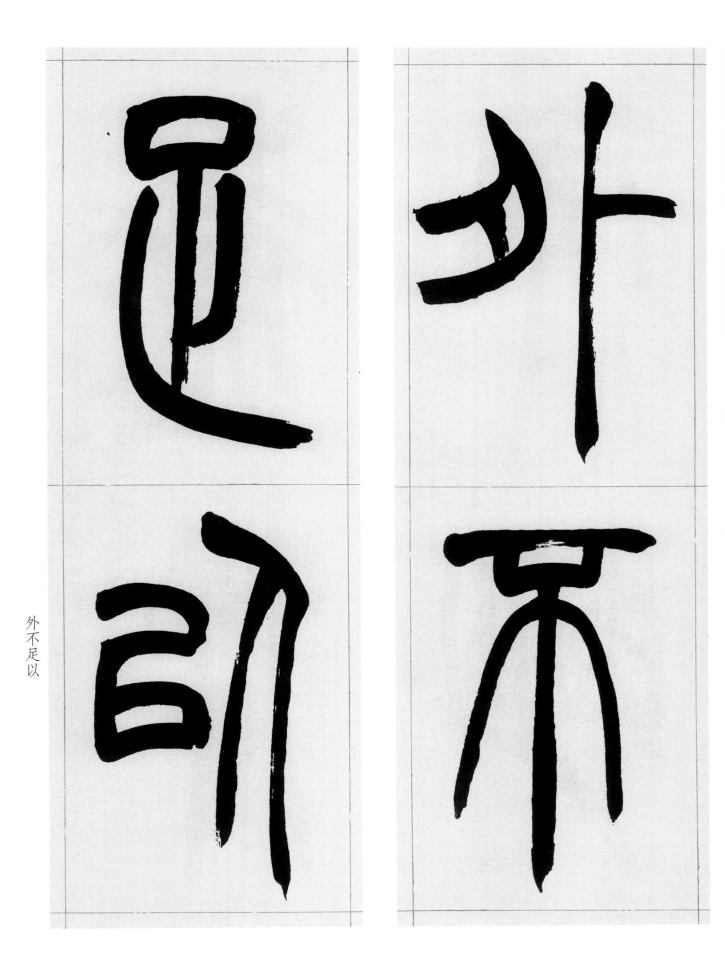

外不足以

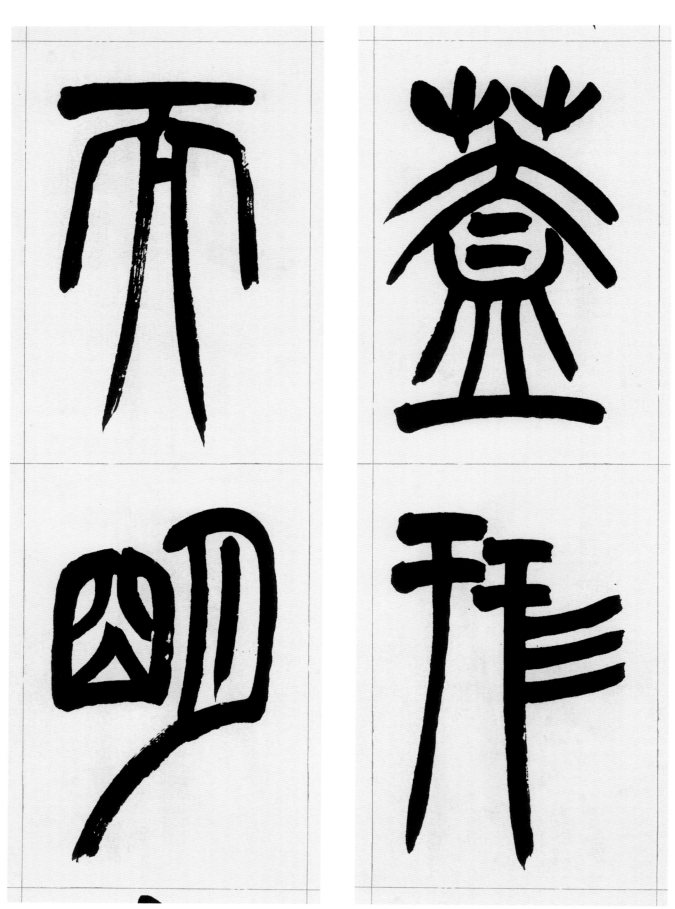

盖形而明

察足以持

天下大擧

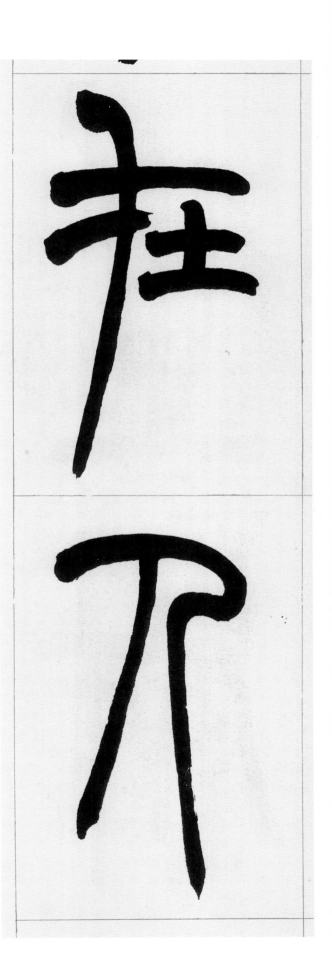

在人上則

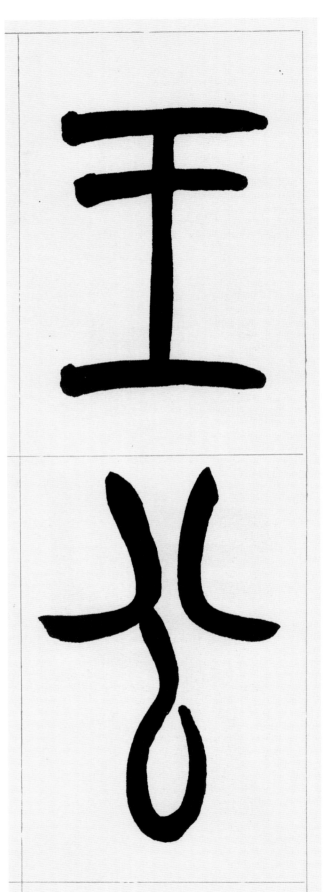

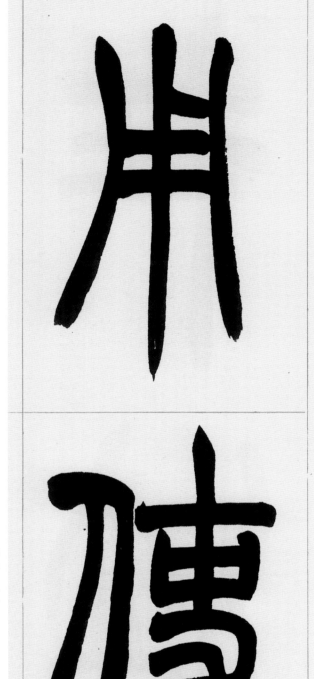

也
小
用
使

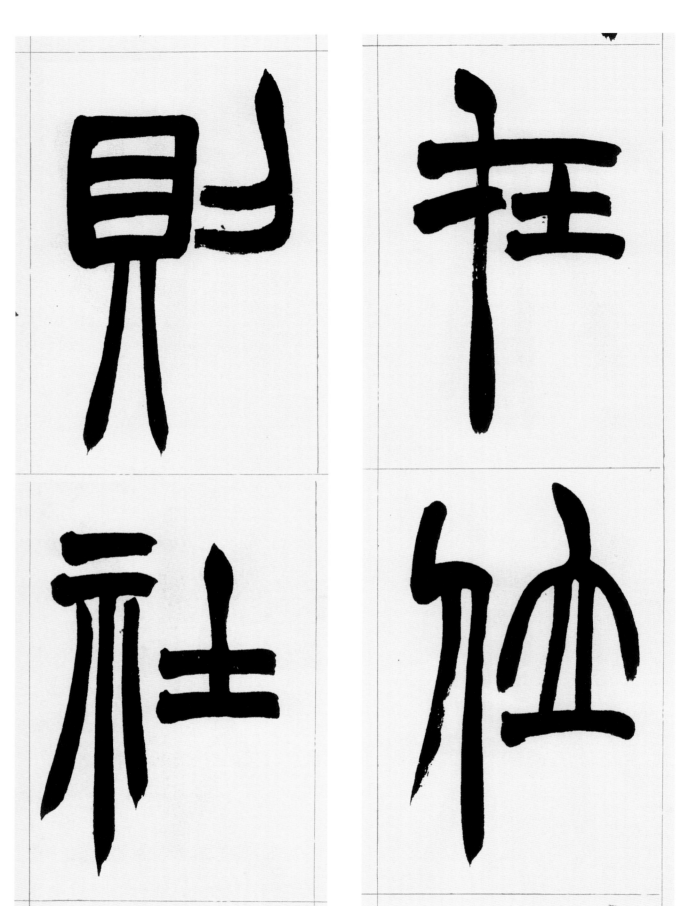

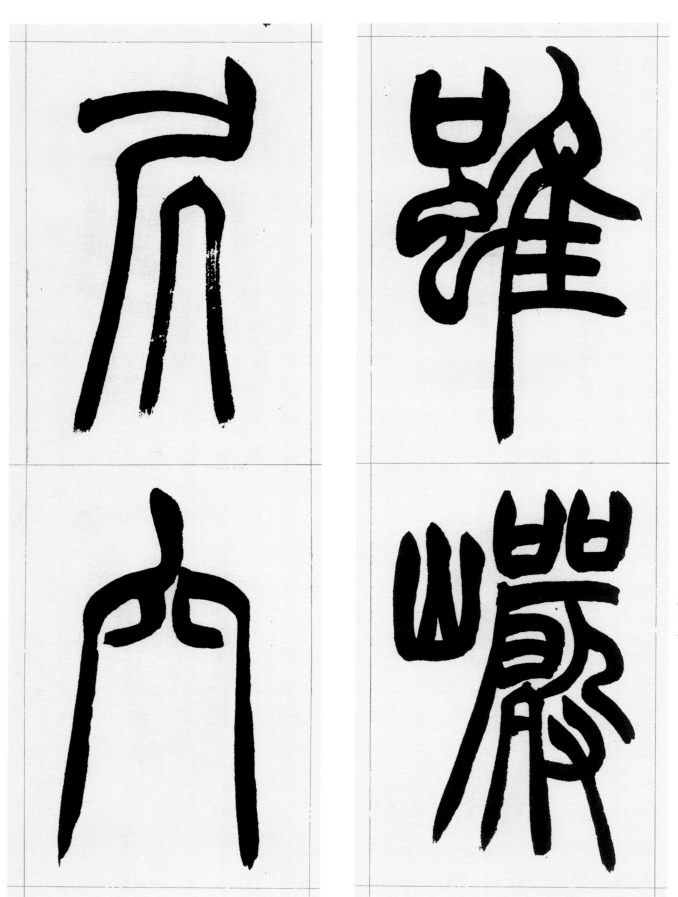

處而王侯

名何也仁

義之化存

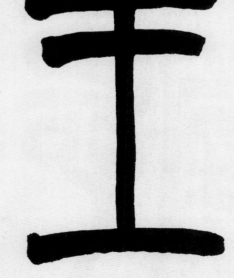

爾如使王

者聽其言

信其行則

唐虞之際

可得而觀

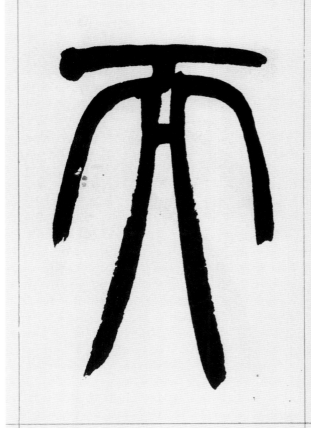

而聽詩曰

詢于芻蕘

陰方夫子

也　蔭方夫子

大人誨正　胡澍書呈